Eschyle

# Les Perses

UltraLetters Publishing

UltraLetters

Titre: Les Perses.

Auteur: Eschyle.

Première représentation: 472 avant J.-C.

Traduction: Leconte de Lisle.

Couverture: Jastrow, Wikipedia.

Fantassins perses portant une lance et équipés d'un arc et d'un carquois, détail de la « frise des archers » du palais de Darius à Suse. Briques siliceuses à glaçure, vers 510 av. J.-C. conservé au Musée du Louvre.

*Buste d'Eschyle*

ISBN: 978-2-930718-59-0



Connectez-vous sur www.UltraLetters.com, contact@UltraLetters.com

# Plan

**parodos-prologue** : partie anapestique ; partie lyrique ; conclusion anapestique

**premier épisode**: la reine, le chœur ; le Messager : récit et kommos (lamentation)

**intermède choral**

**deuxième épisode** : la reine, le chœur

**intermède choral**

**troisième épisode** : l'ombre de Darius, la reine puis le chœur

**intermède choral**

**exodos lyrique** : le chœur, Xerxès

# Les Perses

**PERSONNAGES**

**Le Chœur des Vieillards**

**Atossa**, la reine et la mère de Xerxès

**Le Spectre de Dareïos**

**Xerxès**

**Le Messager**

## LE CHŒUR DES VIEILLARDS

Voici ce qu'on nomme les fidèles, gardiens de ces riches demeures abondantes en or, les autres Perses étant partis pour la terre de Hellas. Le roi Xerxès, né de Daréios, les a choisis lui-même, à cause de leur vieillesse, pour veiller sur le royaume.

Mais déjà notre esprit est grandement troublé dans notre poitrine par de mauvais pressentiments, en songeant au retour du roi et de cette armée éclatante d'or.

Certes, toute la vigueur, née dans l'Asia, s'en est allée; et l'Asia triste regrette sa jeunesse; et aucun messager, aucun cavalier ne revient dans la ville royale des Perses.

Les Souziens, les Ekbataniens, et les habitants de la vieille citadelle de Kissia sont partis, les uns sur des chevaux les autres sur des nefs, et d'autres à pied, épaisse foule guerrière.

Tels sont partis Amistrès, et Artaphrénès, et Mégabazès, et Astaspès, chefs des Perses, rois soumis au grand roi, qui commandent les troupes innombrables, habiles archers, illustres cavaliers, à l'aspect terrible, et redoutables par leur intrépidité dans le combat;

Puis, Artembarès qui combat sur son char, et Masistrès, et l'excellent archer Imaios, et Pharandakès, et Sôsthanès, le conducteur de chevaux.

Le Néilos grand et fécondant en a envoyé d'autres : Sousiskanès, Pègastagôn l'Aigyptien, et le grand Arsamès chef de la sainte Memphis, et Ariomardos qui gouverne l'antique Thèba, et les habitants des marais, terribles et innombrables rameurs.

Puis est venue la multitude des Lydiens voluptueux, toute la race qui habite le continent, ceux que commandent Mètragathès et le brave Arcteus, chefs royaux, et que Sardès qui abonde en or envoie sur des chars sans nombre attelés de quatre ou de six chevaux, spectacle terrible.

Ceux qui habitent le Tmôlos sacré, Mardôn, Tharybis, et les Mysiens armés de piques, menacent de mettre au cou de Hellas le joug de la servitude.

Babylôn riche en or envoie ses peuples confusément mêlés, qui se ruent impétueusement, marins et habiles archers; et ainsi toute l'Asia, armée de l'épée, marche sous le commandement terrible du roi.

Telle, la fleur des hommes a quitté la terre Persique; et toute l'Asia qui les a nourris se lamente dans son regret amer; et les mères et les épouses, pleines d'angoisses, comptent longuement les jours.

### *Strophe I.*

Déjà la royale armée, dévastatrice des villes, a passé sur la terre opposée. À l'aide de nefs liées par des cordes, elle a passé le détroit de l'Athamantide Hellè, ayant mis sur le cou de la mer cette route fixée par mille clous.

### *Antistrophe I.*

Le chef belliqueux de la populeuse Asia pousse sur tout le pays de Hellas son immense armée, divisée en troupes de terre, en marins, appuyé par des chefs fermes et redoutables, tel qu'un dieu, et issu de la pluie d'or.

### *Strophe II.*

Ayant l'œil sombre et sanglant du dragon, il pousse devant lui une innombrable multitude de bras et de nefs, et, monté sur son char Syrien, il porte, aux guerriers illustres par la lance Arès, le puissant archer.

### *Antistrophe II.*

Certes, aucun héros ne soutiendra le choc de cet immense torrent de guerriers et n'arrêtera, à l'aide de barrières assez solides, l'irrésistible assaut de cette mer. Certes, l'armée et le peuple belliqueux des Perses sont invincibles.

### *Épôde.*

Mais quel mortel peut échapper aux embûches rusées d'un dieu? Qui peut y échapper en bondissant d'un pied assez léger? Caressante d'abord, la fortune attire l'homme dans ses rets, et il ne lui est plus permis d'en sortir.

### *Strophe III.*

Depuis longtemps une nécessité inévitable s'est manifestée parmi nous par la volonté des dieux, et c'est elle qui pousse les Perses à l'assaut des murailles, aux mêlées des cavaliers qui se réjouissent du combat et au renversement des villes.

### *Antistrophe III.*

Ils ont appris à regarder la forêt de la mer large qui blanchit sous le souffle véhément de la tempête, confiants dans les câbles légers et les nefs qui transportent la foule des hommes.

### *Strophe IV.*

C'est pourquoi mon esprit est plein d'épouvante. Hélas! cette armée des Perses! Puisse Sousis, la ville royale des Perses, vide de guerriers, ne point entendre ceci!

### *Antistrophe IV.*

La ville de Kissia répondrait à ce cri, hélas! et la foule des femmes le répéterait en déchirant leurs vêtements de lin!

### *Strophe V.*

Toute l'armée, cavaliers et hommes de pied, comme un essaim d'abeilles, s'en est allée avec le chef des troupes, traversant la mer, sur ce prolongement commun, de l'une et l'autre terre.

### *Antistrophe V.*

Les lits sont trempés des larmes que fait verser le regret des hommes. Les femmes Perses sont en proie à une grande douleur. Chacune, regrettant son mari, reste solitaire, ayant perdu le brave guerrier compagnon de son lit.

Allons, ô Perses! nous qui sommes assis dans ces antiques et vénérables demeures, ayons le grave souci des pensées profondes, car la nécessité nous presse.

Quelle est la destinée du roi Xerxès, né de Daréios, qui porte comme nous le nom de celui dont nous sommes tous issus? Est-ce au jet des flèches que la victoire est restée, ou à la force de la lance au fer aigu?

Mais voici la lumière, resplendissante comme l'œil des dieux, la mère du roi, notre reine! Prosternons-nous. Il faut que tous la saluent avec des paroles respectueuses. – O reine, la plus haute de toutes les Perses à la large ceinture, mère vénérable de Xerxès, salut, épouse de Daréios, épouse du dieu des Perses et mère d'un dieu! Puisse l'antique fortune de ce peuple ne point changer maintenant!

## ATOSSA.

C'est pour cela que je viens ici, quittant mes demeures enrichies d'or et le lit nuptial commun à Daréios et à moi. L'inquiétude trouble mon cœur. Je vous dirai tout, je ne suis point tranquille, et je tremble que cette grande prospérité, promptement enfuie, ne bouleverse du pied les richesses que Daréios a amassées, non sans l'aide de quelque dieu. C'est pourquoi j'ai une double inquiétude inexprimable dans le cœur. Certes, d'immenses richesses, quand le maître est absent, sont inutiles; mais la puissance de ceux qui les ont perdues ne brille plus du même éclat. À la vérité, les nôtres sont encore intactes, mais je crains pour les yeux! car l'œil d'une demeure, je pense, c'est la présence du maître. Les choses étant ainsi, je veux être conseillée par vous, Perses, fidèles vieillards. Certes, tous les sages conseils doivent me venir de vous.

## LE CHŒUR DES VIEILLARDS.

Sache ceci, reine de cette terre : tu n'auras pas à dire deux fois si tu veux que nous parlions ou que nous agissions, autant que nous en aurons le pouvoir. Certes, nous te sommes dévoués, nous que tu nommes tes conseillers.

## ATOSSA.

J'ai coutume, à la vérité, d'être agitée par de nombreux songes nocturnes, depuis que mon enfant est parti conduisant son armée dans la terre des Iaônes, plein du désir de la dévaster; mais aucun ne s'est manifesté plus clairement que celui de cette dernière nuit. Je te le raconterai.

Deux femmes richement vêtues me sont apparues. L'une portait la robe des Perses, l'autre celle des Dôriens, Elles étaient plus irréprochables par la majesté de leurs corps et beaucoup plus belles que les femmes qui vivent maintenant. C'étaient deux sœurs d'une même race. Elles habitaient, l'une la terre de Hellas, qui était son partage, l'autre la terre des barbares. Elles se querellaient, à ce qu'il me sembla. Mon fils, voyant cela, les retenait et les apaisait. Il les mit toutes deux sous le même joug et il lia leurs cous des mêmes courroies. L'une, à la vérité, se redressait orgueilleusement, toute fière de ce harnais, et sa bouche acceptait le mors; mais l'autre, s'agitant furieuse, rompait de ses mains les liens du char, et, débarrassée des rênes, ayant brisé le joug par le milieu, entraînait le tout avec une grande violence. Et mon fils tomba, et son père Daréios se tenait près de lui en le plaignant, et, dès que Xerxès le vit, il déchira ses vêtements.

Certes, voilà ce que j'ai vu cette nuit. Ayant quitté mon lit, je lavai mes mains dans une eau pure, et je m'approchai de l'autel pour y sacrifier, et j'offris le gâteau de fleur de farine aux daimones qui garantissent des calamités, et je vis un aigle se réfugier au foyer de Phoibos, et je restai muette de terreur, amis! Puis, je vis un épervier, se ruant de ses ailes rapides, déchirer la tête de l'aigle avec ses ongles. Et l'aigle épouvanté s'abandonnait à l'épervier. Ces choses terribles que j'ai vues vous les entendez. Certes, sachez-le, si mon fils a une heureuse fortune, il sera le plus glorieux des hommes. S'il lui arrive malheur, il n'aura nuls comptes à rendre, et, s'il survit, il commandera toujours sur cette terre.

## LE CHŒUR DES VIEILLARDS.

Nous ne voulons, mère, ni t'inquiéter par nos paroles, ni te rassurer. Prie les dieux. Si tu as vu quelque chose de sinistre, supplie-les de le détourner de toi, et qu'ils accomplissent tout ce qu'il y a d'heureux pour toi, pour tes enfants, pour le royaume et pour tes amis! Puis, il te faut faire des libations à la terre et aux morts. Prie aussi pour que ton époux Daréios, que tu as vu, dis-tu, dans ton sommeil, envoie à la lumière, du fond de la terre, les prospérités à toi et à ton fils, et pour qu'il retienne et cache les calamités dans les ténèbres souterraines. Divinateur bienveillant, je te donne ces conseils; mais je crois que toutes ces choses sont d'un heureux présage.

## ATOSSA.

Le premier tu as interprété mes songes avec bienveillance pour mon fils et pour ma maison. Que tout arrive pour le mieux! Certes, Je le veux, et dès que je serai rentrée dans la demeure, je ferai, comme tu me le conseilles, des sacrifices aux dieux et à ceux que j'aime et qui sont sous la terre. Mais, en attendant, ô amis, où dit-on qu'Athèna est située?

## LE CHŒUR DES VIEILLARDS.

Loin d'ici, vers l'occident, là où le roi Hèlios se couche.

## ATOSSA.

Et mon fils était plein du désir de prendre cette ville?

## LE CHŒUR DES VIEILLARDS.

Certes, car toute la terre de Hellas serait soumise au roi.

## ATOSSA.

Sans doute ce peuple abonde en guerriers?

## LE CHŒUR DES VIEILLARDS.

C'est une armée qui a déjà causé des maux sans nombre aux Mèdes.

## ATOSSA.

Et que possèdent-ils encore? Ont-ils d'assez grandes richesses?

## LE CHŒUR DES VIEILLARDS.

Ils ont une source d'argent, trésor de la terre.

## ATOSSA.

Est-ce la pointe des flèches et l'arc qui brillent dans leurs mains?

## LE CHŒUR DES VIEILLARDS.

Non. Ils tiennent la lance pour un combat de pied ferme et ils s'abritent du bouclier.

## ATOSSA.

Quel chef les mène et commande l'armée?

## LE CHŒUR DES VIEILLARDS.

Ils ne sont esclaves d'aucun homme et n'obéissent à personne.

## ATOSSA.

Comment donc soutiendraient-ils ennemis?

## LE CHŒUR DES VIEILLARDS.

C'est ainsi qu'ils ont détruit la grande et magnifique armée de Daréios.

## ATOSSA.

Tu rappelles des souvenirs terribles dont les parents de ceux qui sont partis doivent être tourmentés.

## LE CHŒUR DES VIEILLARDS.

Bientôt, il me semble, tu connaîtras toute la vérité. Un coureur Perse accourt ici afin de t'instruire. Il apporte une nouvelle certaine, bonne ou mauvaise.

## LE MESSAGER.

Ô villes de toute la terre d'Asia! ô Perse, large port de richesses! D'un seul coup cette grande prospérité a péri, et la fleur des Perses a été tranchée! ô malheureux! ô douleur d'annoncer le premier de tels maux! Cependant, il me faut raconter tout ce désastre, ô Perses! L'armée entière des barbares a péri!

## LE CHŒUR DES VIEILLARDS.

***Strophe I.***

Ô calamités affreuses, inattendues, lamentables! Hélas, hélas! pleurez, Perses, en apprenant cette défaite!

## LE MESSAGER.

Certes, tout, tout est détruit! Moi-même je vois le jour du retour contre tout espoir.

## LE CHŒUR DES VIEILLARDS.

***Antistrophe I.***

Une longue vie ne nous a été accordée, à nous qui sommes vieux, que pour apprendre ce désastre inattendu!

## LE MESSAGER.

Certes, j'étais là. Ce n'est point sur le récit des autres, ô Perses, que je vous dirai les maux qui nous ont accablés.

## LE CHŒUR DES VIEILLARDS.

*Strophe II.*

Hélas! hélas! hélas! En vain les innombrables armes de tant de peuples se sont ruées de la terre d'Asia sur le pays de Hellas!

## LE MESSAGER.

Les rivages de Salamis et de toutes les contrées voisines sont pleins de morts misérablement tués!

## LE CHŒUR DES VIEILLARDS.

*Antistrophe II.*

Hélas! hélas! hélas! Les corps de nos amis roulent tout sanglants dans les flots, au milieu des nefs fracassées qui surnagent!

## LE MESSAGER.

Nos arcs ne nous ont point aidés. Toute l'armée a péri, écrasée par le choc des nefs.

## LE CHŒUR DES VIEILLARDS.

*Strophe III.*

Poussons la clameur lamentable et lugubre sur les malheureux Perses! Ils ont été vaincus, hélas! L'armée est détruite!

## LE MESSAGER.

Ô nom de Salamis, très amer à entendre! Hélas! combien je gémis au souvenir d'Athèna!

## LE CHŒUR DES VIEILLARDS.

*Antistrophe III.*

Les Athènaiens sont terribles à leurs ennemis. D'innombrables femmes Perses se souviendront qu'ils les ont faites veuves et sans enfants!

## ATOSSA.

Malheureuse! je reste muette, accablée de ces maux; car cette calamité est telle que je ne puis ni parler, ni m'inquiéter du désastre. Cependant, il faut bien que les hommes subissent les maux que leur envoient les dieux. Dis-nous donc tout, calme-toi, malgré tes gémissements sur nos misères. Dis ceux qui vivent encore et ceux que nous avons à pleurer, et qui, portant le sceptre, sont morts, laissant leur armée sans chefs.

## LE MESSAGER.

Xerxès vit et voit la lumière.

## ATOSSA.

Tu apportes une lumière dans ma demeure, un jour éclatant dans une nuit noire!

## LE MESSAGER.

Artembarès, le chef des innombrables cavaliers a été frappé sur les âpres côtes Silèniennes, et le khiliarque Dadacès, percé d'un coup de lance, a été précipité du haut de sa nef; et Ténagôn, le plus brave des Baktriens, est enseveli dans l'île d'Aias, battue des flots, Lilaios, et Arsamès, et Argestès, autour de l'île nourricière des colombes, se sont brisé la tête sur l'âpre côte. Arkteus, venu des sources du Néilos Aigyptien, et Adeuès, et Phéresseuès, et Pharnoukhos, sont tombés de la même nef. Matallos de Khrysa, le Myriontarque, le chef de trente mille cavaliers noirs, a été tué. Il a souillé sa barbe rousse, épaisse, hérissée, et il s'est teint de la pourpre de son sang. Et le mage Arabos et le Baktrien Artamès ont péri sur cette rude terre et y sont ensevelis, ainsi qu'Amestris, Amphistreus qui brandissait une lance mortelle, et l'illustre Ariomardos qui sera pleuré des Sardiens, et le Mysien Sisamès. Et Tharybis, qui menait cinq fois cinquante nefs, le Lyrnaien, homme très beau, gît misérablement tué. Et Syennésis, le premier par le courage, chef des Kilikiens, est tombé glorieusement, ayant, seul, donné beaucoup de mal aux ennemis. Voici les chefs dont je me souviens. Mais je ne t'ai dit que très peu de nos pertes qui sont innombrables.

## ATOSSA.

Hélas! j'apprends d'irréparables maux, opprobre des Perses et cause d'amères lamentations. Mais, reprenant ton récit, dis-moi quel nombre de nefs avaient les Hellènes, pour avoir osé s'attaquer à l'armée navale des Perses.

## LE MESSAGER.

Certes, quant au nombre, sache que les barbares étaient très supérieurs en nefs. En tout les Hellènes en avaient dix fois trente, sauf dix en réserve. Je sais que Xerxès commandait à mille nefs, plus deux fois cent et sept qui l'emportaient en rapidité. Telle est la vérité. Tu vois que nous n'étions point inférieurs en forces; mais un dieu a fait pencher les plateaux de la balance et a détruit notre armée.

## ATOSSA.

Les dieux ont protégé la ville de la déesse Pallas.

## LE MESSAGER.

La ville d'Athèna est inexpugnable. Ses guerriers lui sont un ferme rempart.

## ATOSSA.

Mais dis-nous le premier choc des nefs. Les Hellènes ont-ils commencé le combat, ou est-ce mon fils, orgueilleux du nombre de ses nefs?

## LE MESSAGER.

Ô reine, un daimôn mauvais et vengeur a causé le premier tout le mal. Un Hellène, de l'armée des Athènaiens vint et dit à ton fils Xerxès que, dès les ombres de la nuit noire, les Hellènes ne resteraient pas, et que chacun d'eux, se rembarquant, chercherait son salut dans une fuite secrète. Aussitôt, Xerxès, ayant appris cela, et ne comprenant pas la ruse de cet Hellène et la jalousie des dieux, commanda à tous les chefs des nefs, dès que les rayons de Hèlios cesseraient de chauffer la terre et que les ténèbres envahiraient les demeures aithéréennes, qu'ils eussent à ranger la multitude des nefs sur trois lignes, à garder les passages et les détroits et à envelopper l'île d'Aias; de sorte que si les Hellènes réussissaient à fuir par quelque moyen, chaque chef le payerait de sa tête. Il commanda ainsi, plein de confiance et d'ardeur, ne sachant point ce qui lui était réservé par les dieux. Les Perses, sans désordre, et docilement, préparèrent le repas du soir, et chaque marin lia à son banc l'aviron par la courroie. La lumière du jour tomba et la nuit vint, et chaque rameur monta dans sa nef, et chaque hoplite aussi. La flotte se mit en ligne, les nefs naviguant dans l'ordre prescrit; et, pendant toute la nuit, ici et là, les chefs exercèrent les équipages des nefs. Et, la nuit s'écoulant, l'armée des Hellènes ne tentait nullement de quitter ce lieu par une fuite secrète. Dès que le jour aux chevaux blancs eut illuminé la terre, une immense clameur, telle qu'un chant sacré, s'éleva du milieu des Hellènes, et le son éclatant en rebondit au loin de toutes les côtes rocheuses de l'île, et la crainte envahit tous les barbares trompés dans leur espérance; car, alors, les Hellènes ne chantaient pas le paian sacré pour prendre la fuite, mais ils s'avançaient audacieusement au combat, et le son de la trompette excitait toute cette fureur. Aussitôt, à la voix de chaque chef, ils frappèrent de leurs avirons retentissants les eaux frémissantes de la mer, et voici que toutes leurs nefs nous apparurent. L'aile droite précédait en bon ordre, puis venait toute la flotte, et on entendait ce chant immense : – Ô enfants des Hellènes, allez! Délivrez la patrie, vos enfants, vos femmes, les demeures des dieux de vos pères et les tombeaux de vos aïeux! Maintenant, c'est le suprême combat! ' – Et le cri de la langue Persique répondit à ce cri, car il n'y avait plus à hésiter. Les proues d'airain se heurtèrent. Une nef Hellénique brisa, la première, l'éperon d'une nef Phoinikienne, et les deux flottes se jetèrent l'une sur l'autre. D'abord, le torrent de l'armée Persique résista, mais quand la multitude de nos nefs fut resserrée dans les passages étroits, elles ne purent s'entre aider. Elles se heurtèrent de leurs proues d'airain et rompirent leurs rangs d'avirons; et les nefs Helléniques, nous enveloppant habilement, perçaient les nôtres qui se renversaient et couvraient la mer de débris de naufrage et de corps morts; et les rochers du rivage étaient pleins de cadavres, et toute l'armée barbare prit la fuite en désordre. À coups d'avirons brisés et de bancs de rameurs les Perses étaient écrasés ou déchirés comme des thons ou d'autres poissons pris au filet, et toute la mer retentissait de sanglots et de lamentations; et, enfin, l'œil de la nuit noire se ferma sur nous. Je ne pourrais, même en dix jours, te raconter la multitude de nos maux. Mais, sache-le, jamais en un seul jour tant d'hommes ne sont morts.

## ATOSSA.

Hélas! une mer immense de maux s'est ruée sur les Perses et sur toute la race des barbares!

## LE MESSAGER.

Certes, sache-le maintenant, je n'ai pas encore dit la moitié de nos maux. Une autre calamité deux fois plus lourde que celles que j'ai dites est tombée sur les Perses.

## ATOSSA.

Quel malheur plus funeste est-il donc arrivé? Dis quelle est cette calamité dont tu parles et qui a frappé l'armée de maux encore plus terribles.

## LE MESSAGER.

Tous ceux d'entre les Perses qui étaient les plus forts, les plus braves, les mieux nés, les plus fidèles au roi, ont misérablement subi une mort sans gloire.

## ATOSSA.

Ô malheureuse! ô triste destinée pour moi, amis! De quelle mort ont-ils péri?

## LE MESSAGER.

Il y a une île auprès des côtes de Salamis, petite, inabordable aux nefs que Pan, qui aime les danses, hante sur les bords de la mer. Xerxès les avait envoyés là afin que les ennemis, chassés de leurs nefs, s'étant réfugiés dans l'île, on égorgeât aisément ce qui survivrait de l'armée des Hellènes et qu'on pût sauver les nôtres des flots de la mer; mais il prévoyait mal ce qui devait arriver. En effet, quand un dieu eut donné la victoire à la flotte Hellénique, dans ce même jour, s'étant revêtus de leurs armes d'airain, ils sautèrent de leurs nefs et enveloppèrent l'île, afin que les Perses n'eussent plus aucune issue pour fuir. Et ceux-ci étaient assiégés d'une multitude de pierres, et ils périssaient sous les flèches envoyées par les nerfs des arcs. Enfin, se ruant tous à la fois, les Hellènes les tuaient, les égorgeaient et déchiraient les membres des malheureux, jusqu'à ce qu'ils eurent tous perdu la vie. Et Xerxès, voyant ce gouffre de maux, gémit, car il s'était assis, sur les bords de la mer, sur un haut promontoire d'où il pouvait voir toute l'armée. Mais, ayant déchiré ses vêtements et poussant de grands cris, il ordonna aussitôt à son armée de terre de se retirer, et lui-même prit une fuite soudaine. Telle est cette calamité que tu peux pleurer comme la première.

## ATOSSA.

Ô funeste daimôn, combien tu as trompé l'espérance des Perses! Mon fils doit à l'illustre Athèna une amère défaite. Il n'a pas suffi des barbares que Marathôn a autrefois égorgés! C'est dans l'espérance de les venger que mon fils a subi un si lourd fardeau de malheurs. Mais parle, où as-tu laissé les nefs qui ont échappé à la destruction? Peux-tu le dire sûrement?

## LE MESSAGER.

Les chefs des nefs encore sauves prirent confusément la fuite à l'aide du vent. Ce qui survivait de l'armée a péri sur la terre des Boiôtiens, les uns cherchant en vain l'eau des sources et souffrant la soif, tandis que les autres traversaient péniblement la terre des Phoikéens, et Dôris, et, vers le golfe Mèliaque, les champs que le Sperkhios arrose de ses douces eaux. Puis, nous avons gagné la terre Akhaienne et les villes Thessaliennes; et, là, beaucoup sont morts de faim et de soif, car l'une et l'autre nous tourmentaient. Puis, nous arrivâmes, par la terre Magnètique, le pays des Makédoniens, le cours de l'Axios, le marais couvert de roseaux de Bolbè et le mont Pangaios, au pays des Édôniens. Cette nuit-là, un dieu nous envoya un hiver précoce qui gela les eaux du Strymôn sacré. Alors, chacun de ceux qui auparavant niaient qu'il y eût des dieux, pria et adora Gaia et Ouranos. Après avoir mille fois invoqué les dieux, l'armée passa par cette route glacée, et ceux des nôtres qui purent passer avant que les rayons du dieu se fussent répandus eurent la vie sauve. En effet, l'orbe ardent et resplendissant de Hèlios échauffa bientôt de ses flammes le milieu du fleuve et le rompit, et tous roulèrent les uns sur les autres, et les plus heureux furent ceux qui rendirent l'âme le plus promptement! Les survivants se sauvèrent avec de grandes fatigues à travers la Thrèkè, mais bien peu sont revenus dans les foyers de la patrie. Que le royaume des Perses gémisse, regrettant sa très chère jeunesse! Ces choses sont vraies, mais je n'ai point dit la multitude des autres maux dont un dieu a accablé les Perses,

## LE CHŒUR DES VIEILLARDS.

Ô daimôn très funeste, combien tu as écrasé outrageusement sous tes pieds toute la race des Perses!

## ATOSSA.

Ô malheureuse que je suis! l'armée est détruite! Ô apparition de mes songes nocturnes, tu m'as clairement annoncé ces maux! Mais vous, vous avez été de mauvais divinateurs! Cependant, comme vous me l'avez conseillé, je veux d'abord supplier les dieux, et je rapporterai de mes demeures le gâteau sacré pour la terre et pour les morts. Je sais que ce qui est passé est irrévocable, mais je prierai pour que l'avenir soit favorable. Dans un tel désastre, c'est à vous de donner des conseils fidèles à ceux que vous aimez. Consolez mon fils, s'il vient ici avant moi, et accompagnez-le dans la demeure, afin qu'il n'ajoute pas un nouveau malheur à tant de maux.

## LE CHŒUR DES VIEILLARDS.

Ô roi Zeus! par la destruction de l'innombrable et orgueilleuse armée des Perses, tu as couvert de deuil les villes des Sousiens et des Ekbataniens.

De nombreuses femmes, de leurs mains délicates, déchirent leurs voiles, et elles baignent leurs seins d'un flot de larmes.

Les femmes Perses gémissent, et, dans leurs regrets et leur douleur sans fin, elles pleurent ceux à qui les unissaient des noces récentes, et les lits couverts de molles draperies, et toutes les voluptés de la jeunesse qu'elles ont perdues. Moi aussi, je pleure et je me lamente, comme il convient, sur la destinée de ceux qui sont morts.

### *Strophe I.*

Maintenant, toute l'Asia dépeuplée gémit! Xerxès les a tous emmenés, hélas! Xerxès les a tous perdus, hélas! Xerxès a tout livré malheureusement aux nefs maritimes!

Pourquoi Daréios, le cher prince de Sousis, n'a-t-il point commandé en paix à ses peuples!

### *Antistrophe I.*

Les nefs noires aux ailes rapides ont également porté les hommes de pied et les troupes de mer, hélas! Et les nefs les ont perdus, hélas! Certes, les nefs, en se heurtant! Et le roi lui-même s'est échappé avec peine, dit-on, des mains des Iaônes, à travers les champs de la Thrèkè et les routes terribles de l'hiver!

### *Strophe II.*

Et ceux qui les premiers ont subi leur destinée, hélas! qui, abandonnés à la fatalité, hélas! ont été engloutis autour de Kykhréia!

Gémissons, lamentons-nous, poussons de violentes et hautes clameurs, de lamentables clameurs de deuil!

### *Antistrophe II.*

Roulés par la mer terrible, hélas! mangés, déchirés, hélas! par les muets de l'incorruptible, hélas! La maison veuve pleure son maître, les pères n'ont plus d'enfants! Les vieillards gémissants apprennent ce malheur immense, ce désastre tout entier, hélas!

### *Strophe III.*

Les nations de l'Asia ne vivront plus longtemps sous les lois des Perses. Contraintes par la nécessité, elles ne payeront plus les tributs de la servitude, et elles n'obéiront plus en se prosternant. La puissance royale est morte!

### *Antistrophe III.*

La langue des hommes ne sera plus enchaînée. Le peuple est affranchi, et il peut parler librement, puisque le joug de la force est brisé!

L'île d'Aias, entourée des flots et souillée de sang, a englouti la puissance des Perses!

## ATOSSA.

Amis, quiconque a souffert n'ignore pas ceci : Quand le flot de l'adversité s'est rué sur les hommes, ils ont coutume de s'épouvanter de tout; quand ils ont une heureuse fortune, ils sont certains que ce vent propice soufflera toujours. Voici que tout m'épouvante; mes yeux ne voient que la haine des dieux, et le bruit qui emplit mes oreilles n'est pas un chant de victoire, tant le trouble que me causent ces maux agite mon esprit. C'est pourquoi je reviens de mes demeures sans mon char et sans éclat, apportant ces douces libations au père de mon fils : le lait blanc d'une vache sans tache, le miel brillant de l'abeille qui suce les fleurs, les eaux vives d'une source limpide, et cet enfant pur d'une mère agreste, délices de la vigne antique, et la jaune olive, doux fruit de l'arbre dont les feuilles ne tombent jamais, et ces tresses de fleurs, filles de la terre qui produit tout. Mais, ô amis, chantez les hymnes des libations aux morts, évoquez le divin Daréios! Moi, je répandrai sur la terre qui les boira ces libations aux dieux souterrains.

## LE CHŒUR DES VIEILLARDS.

Ô reine, femme vénérable aux Perses, envoie tes libations sous la terre. Nous, nous prierons en chantant des hymnes pour que les maîtres souterrains des morts nous soient favorables.

Ô vous, sacrés daimônes souterrains, Gaia, Hermès, et toi, roi des morts, envoyez d'en bas l'âme de Daréios à la lumière! Si, en effet, nous devons subir encore d'autres maux, seul, il peut nous dire quelle sera la fin de nos misères.

### *Strophe I.*

Le bienheureux, le roi égal aux dieux, m'entend-il pousser en langue barbare mille cris divers, amers, lamentables? Je crie vers lui mes plaintes lugubres. M'entend-il d'en bas?

### *Antistrophe I.*

Et toi, Gaia! et vous, maîtres des morts, ô daimônes! Laissez l'âme illustre du dieu des Perses, né dans Sousis, sortir de vos demeures. Envoyez en haut celui dont la terre Persique n'a jamais contenu le semblable!

### *Strophe II.*

Ô cher homme! ô cher tombeau! car ce qu'il contient nous est cher. Aidôneus! ramène-le, envoie-le en haut! Aidôneus! envoie-nous Daréios, un tel roi! hélas!

### *Antistrophe II.*

Certes, jamais il ne fit périr nos guerriers en des guerres désastreuses. Les Perses le disaient sage comme un dieu, et il était en effet sage comme un dieu, car il conduisait heureusement l'armée, hélas!

### *Strophe III.*

Ô roi, vieux roi, viens, apparais sur le faîte de ce tombeau, soulevant la sandale pourprée de ton pied et montrant la splendeur de la tiare royale. Viens, ô père, ô excellent Daréios! hélas!

### *Antistrophe III.*

Apparais-nous, afin d'apprendre des calamités nouvelles, inattendues, ô maître de notre maître! Une nuée Stygienne nous a enveloppés, et voici que toute notre jeunesse a péri. Viens, ô père, ô excellent Daréios, hélas!

Épôde.

Malheur! malheur! Ô toi qui es mort tant pleuré par ceux qui t'aimaient, ô roi, ô roi, pourquoi cela? Pourquoi ce double désastre sur ton royaume, sur ton royaume tout entier? Les nefs à trois rangs d'avirons ont péri! Nos nefs! Plus de nefs!

## LE SPECTRE DE DARÉIOS.

Ô fidèles entre les fidèles, qui êtes du même âge que moi, ô vieillards Perses, de quel malheur la ville est-elle affligée? Le sol a été secoué, il a gémi, il s'est ouvert! Je suis saisi de crainte en voyant ma femme debout auprès de mon tombeau, et je reçois volontiers ses libations. Et vous aussi, auprès de mon tombeau, vous pleurez, poussant les lamentations qui évoquent les morts et m'appelant avec de lugubres gémissements. Le retour à la lumière n'est pas facile, pour bien des causes, et parce que les dieux souterrains sont plus prompts à prendre qu'à rendre! Cependant, je l'ai emporté sur eux, et me voici; mais je me suis hâté, afin de n'être point coupable de retard. Mais quel est ce nouveau malheur dont les Perses sont accablés?

## LE CHŒUR DES VIEILLARDS.

Je crains de te regarder, je crains de te parler, plein de l'antique vénération que j'avais pour toi.

## LE SPECTRE DE DARÉIOS.

Puisque je suis venu du Hadès, appelé par tes lamentations, ne parle point longuement, mais brièvement. Dis, et oublie ton respect pour moi.

## LE CHŒUR DES VIEILLARDS.

Je crains de t'obéir, je crains de te parler. Ce que je dois dire ne doit pas être dit à ceux qu'on aime.

## LE SPECTRE DE DARÉIOS.

Puisque votre antique respect pour moi trouble votre esprit, toi, vénérable compagne de mon lit, noble femme, cesse tes pleurs et tes lamentations, et parle-moi clairement. La destinée des hommes est de souffrir, et d'innombrables maux sortent pour eux de la mer et de la terre quand ils ont longtemps vécu.

## ATOSSA.

Ô toi qui as surpassé par ton heureuse fortune la félicité de tous les hommes! Tandis que tu voyais la lumière de Hèlios, envié des Perses, tu as vécu prospère et semblable à un dieu! Et maintenant, tu es heureux d'être mort avant d'avoir vu ce gouffre de maux! Tu apprendras tout en peu de mots, ô Daréios! La puissance des Perses est détruite. J'ai dit.

## LE SPECTRE DE DARÉIOS.

De quelle façon? Est-ce la peste ou la guerre intestine qui s'est abattue sur le royaume?

## ATOSSA.

Non. Toute l'armée a été détruite auprès d'Athèna.

## LE SPECTRE DE DARÉIOS.

Lequel de mes fils conduisait l'armée? Parle.

## ATOSSA.

Le violent Xerxès. Il a dépeuplé tout le vaste continent de l'Asia.

## LE SPECTRE DE DARÉIOS.

Est-ce avec une armée de terre ou de mer que le malheureux a tenté cette expédition très insensée?

## ATOSSA.

Avec les deux. L'armée avait une double face.

## LE SPECTRE DE DARÉIOS.

Et comment une nombreuse armée de terre a-t-elle passé la mer?

## ATOSSA.

On a réuni par un pont les deux bords du détroit de Hellè, afin de passer.

## LE SPECTRE DE DARÉIOS.

Il a fait cela? Il a fermé le grand Bosphoros?

## ATOSSA.

Certes, mais un dieu l'y a sans doute aidé.

## LE SPECTRE DE DARÉIOS.

Hélas! quelque puissant daimôn qui l'a rendu insensé!

## ATOSSA.

On peut voir maintenant quelle ruine il lui préparait!

## LE SPECTRE DE DARÉIOS.

De quelle calamité ont-ils été frappés, que vous gémissiez ainsi?

## ATOSSA.

L'armée navale vaincue, l'armée de terre a péri.

## LE SPECTRE DE DARÉIOS.

Ainsi, toute l'armée a été détruite en combattant?

## ATOSSA.

Certes, toute la ville des Sousiens gémit d'être vide d'hommes.

## LE SPECTRE DE DARÉIOS.

Hélas! une si grande armée! Vains secours!

## ATOSSA.

Toute la race des Baktriens a péri, et pas un n'était vieux!

## LE SPECTRE DE DARÉIOS.

Ô malheureux, qui as perdu une telle jeunesse!

## ATOSSA.

On dit que le seul Xerxès, abandonné des siens et presque sans compagnons...

## LE SPECTRE DE DARÉIOS.

Comment? Où a-t-il péri? Est-il sauvé?

## ATOSSA.

À pu atteindre le pont jeté entre les deux continents.

## LE SPECTRE DE DARÉIOS.

Est-il revenu sain et sauf sur cette terre? Cela est-il certain?

## ATOSSA.

Oui, cela est certain; il n'y a aucun doute.

## LE SPECTRE DE DARÉIOS.

Hélas! L'événement a promptement suivi les oracles, et Zeus, sur mon fils, vient d'accomplir les divinations! Certes, j'espérais que les dieux en retarderaient encore longtemps l'accomplissement; mais un dieu pousse celui qui aide aux oracles! Maintenant la source des maux jaillit pour ceux que j'aime. C'est mon fils qui a tout fait par sa jeunesse audacieuse, lui qui, chargeant de chaînes le sacré Hellespontos, comme un esclave, espérait arrêter le divin fleuve Bosphoros, changer la face du détroit, et, à l'aide de liens forgés par le marteau, ouvrir une voie immense à une immense armée! lui qui, étant mortel, espérait l'emporter sur tous les dieux, et sur Poseidôn! Comment mon fils a-t-il pu être saisi d'une telle démence? Je tremble que les grandes et abondantes richesses que j'ai amassées ne soient la proie du premier qui voudra s'en emparer.

## ATOSSA.

Le violent Xerxès a fait cela, conseillé par de mauvais hommes. Ils lui ont dit que tu avais conquis par l'épée de grandes richesses à tes enfants, tandis que lui, par lâcheté, ne combattait que dans ses demeures, sans rien ajouter à la puissance paternelle. Ayant souvent reçu de tels reproches de ces mauvais hommes, il partit pour cette expédition contre Hellas.

## LE SPECTRE DE DARÉIOS.

Ainsi c'est par eux que s'est accompli ce suprême désastre, mémorable à jamais! La ville des Sousiens n'a point été dépeuplée par une telle calamité depuis que Zeus lui fit cet honneur de vouloir qu'un seul homme réunît sous le sceptre royal tous les peuples de la féconde Asia! En effet, Mèdos, le premier, commanda l'armée. Un autre, fils de celui-ci, acheva son œuvre, car la sagesse dirigea son esprit. Le troisième fut Kyros, homme heureux, qui donna la paix à tous les siens. Il réunit au royaume le peuple des Lydiens et celui des Phrygiens, et il dompta toute l'Iônia. Et les dieux ne s'irritèrent point contre lui, parce qu'il était plein de sagesse. Le quatrième qui régna sur les peuples fut le fils de Kyros. Le cinquième fut Merdis, opprobre de la patrie et du trône antique. L'illustre Artaphrénès, à l'aide de ses compagnons, le tua par ruse dans sa demeure. Le sixième fut Maraphis, et le septième fut Artaphrénès. Et moi, j'accomplis aussi la destinée que je désirais, et je conduisis de nombreuses expéditions avec de grandes armées, mais je n'ai jamais causé de tels maux au royaume. Xerxès mon fils est jeune, il a des pensées de jeune homme, et il ne se souvient plus de mes conseils. Certes, sachez bien ceci, vous qui êtes mes égaux par l'âge : nous tous qui avons eu la puissance royale, nous n'avons jamais causé de tels maux.

## LE CHŒUR DES VIEILLARDS.

Ô roi Daréios, où tendent donc tes paroles? Comment, après ces malheurs, nous, peuple Persique, jouirons-nous d'une fortune meilleure?

## LE SPECTRE DE DARÉIOS.

Si vous ne portez jamais la guerre dans le pays des Hellènes, les armées Médiques fussent-elles plus nombreuses, car la terre même leur vient en aide.

## LE CHŒUR DES VIEILLARDS.

Que dis-tu? Comment leur vient-elle en aide?

## LE SPECTRE DE DARÉIOS.

En tuant par la faim les innombrables armées.

## LE CHŒUR DES VIEILLARDS.

Mais nous enverrions une armée excellente et bien munie.

## LE SPECTRE DE DARÉIOS.

Maintenant, celle même qui est restée en Hellas ne reviendra plus dans la patrie!

## LE CHŒUR DES VIEILLARDS.

Que dis-tu? Toute l'armée des Barbares n'est-elle pas revenue de l'Eurôpè en traversant le détroit de Hellè?

## LE SPECTRE DE DARÉIOS.

Peu, de tant de guerriers, s'il faut en juger par les oracles des dieux et par ce qui est fait, car l'accomplissement d'un oracle est suivi par celui d'un autre. Aveuglé par une espérance vaine, Xerxès a laissé là une armée choisie. Elle est restée dans les plaines qu'arrose de ses eaux courantes l'Asopos, doux breuvage de la terre des Boiôtiens. C'est là que les Perses doivent subir le plus terrible désastre, prix de leur insolence et de leurs desseins impies; car, ayant envahi Hellas, ils n'ont pas craint de dépouiller le sanctuaire des dieux et de brûler les temples. Les sanctuaires et les autels ont été saccagés et les images des dieux arrachées de leur base et brisées. À cause de ces actions impies ils ont déjà souffert de grands maux, mais d'autres les menacent et vont jaillir, et la source des calamités n'est point encore tarie. Des flots de sang s'épaissiront, sous la lance Dorique, dans les champs de Plataia; et des morts amoncelés, jusqu'à la troisième génération, bien que muets, parleront aux yeux des hommes, disant qu'étant mortel il ne faut pas trop enfler son esprit. L'insolence qui fleurit fait germer l'épi de la ruine, et elle moissonne une lamentable moisson. Pour vous, en voyant ces expiations, souvenez-vous d'Athéna et de Hellas, afin que nul ne méprise ce qu'il possède, et, dans son désir d'un bien étranger, ne perde sa propre richesse. Zeus vengeur n'oublie point de châtier tout orgueil démesuré, car c'est un justicier inexorable. C'est pourquoi, instruisez Xerxès par vos sages conseils, afin qu'il apprenne à ne plus offenser les dieux par son insolence audacieuse. Et toi, ô vieille et chère mère de

Xerxès, étant retournée dans ta demeure, choisis pour lui de beaux vêtements, et va au-devant de ton fils. En effet, il n'a plus autour de son corps que des lambeaux des vêtements aux couleurs variées qu'il a déchirés dans la douleur de ses maux. Console-le par de douces paroles. Je le sais, il n'écoutera que toi seule. Moi, je rentrerai dans les ténèbres souterraines. Et vous, vieillards, salut! Même dans le malheur, donnez, chaque jour, votre âme à la joie, car les richesses sont inutiles aux morts.

## LE CHŒUR DES VIEILLARDS.

J'apprends, à ma grande douleur, que les barbares, outre les maux présents, subiront encore d'autres calamités dans l'avenir.

## ATOSSA.

Ô daimon! que d'innombrables et terribles douleurs se ruent sur moi! Mais ce qui m'est le plus amer c'est d'apprendre que mon fils est couvert de vêtements honteux. Certes, je rentrerai, et, prenant de beaux vêtements dans mes demeures, j'irai au devant de mon fils. Je ne l'abandonnerai pas dans le malheur, lui qui m'est le plus cher.

## LE CHŒUR DES VIEILLARDS.

### *Strophe I.*

Certes, ô dieux! nous menions une vie grande et heureuse et sagement gouvernée, quand le roi égal aux dieux, Daréios, vénérable, doux, invincible, suffisant à tout, commandait au royaume!

### *Antistrophe I.*

Avant tout, nous étions illustres par notre glorieuse armée, et de fermes lois réglaient toutes choses. Puis, nos troupes, sans avoir subi de défaites, toujours victorieuses, revenaient heureusement dans nos demeures.

***Strophe II.***

Que de villes il a prises, sans même avoir traversé le fleuve Halys, sans avoir quitté sa demeure! Telles les villes de la mer Strymonnienne, aux frontières Thrakiennes;

***Antistrophe II.***

Et celles qui, loin de la mer, étaient entourées de murailles, obéissaient au roi, et les villes orgueilleuses du large détroit de Hellè, et la sinueuse Propontis, et les bouches du Pontos;

***Strophe III.***

Et, le long du continent prolongé, les îles entourées des flots, voisines des côtes, Lesbos, Samos qui abonde en olives, Khios, Paros, Naxos, Mykonos, et Andros qui touche à Tènos;

***Antistrophe III.***

Et les îles de la haute mer, Lemnos, terre d'Ikaros, Rhodos, Knidos, et les villes Kypriennes, Paphos, Solos et Salamis, dont la métropole est cause de nos gémissements.

Épôde.

Et il conquit aussi par sa prudence les riches villes des Iaônes, peuplées des Hellènes, car il possédait la force invincible d'alliés de toute race et bien armés. Et voici maintenant que les dieux ayant retourné les maux de la guerre contre nous, nous avons été cruellement vaincus sur mer!

## XERXÈS.

Hélas, malheureux! comment ai-je été accablé de cette calamité lamentable et inattendue! oh! que la fortune afflige amèrement la race des Perses! Ah! malheureux! que faire? La vigueur de mes genoux fléchit devant ces vieillards! Ô Zeus, que ne suis-je mort avec mes guerriers morts!

## LE CHŒUR DES VIEILLARDS.

Hélas, hélas! ô roi, voici qu'un dieu a moissonné cette brave armée, gloire des hommes, honneur de la Perse! La terre pleure cette jeunesse tuée par Xerxès, lui qui a empli le Hadès de Perses! Que de guerriers sont morts, archers redoutables, fleurs de la patrie! Toute une race innombrable de guerriers a péri!

## XERXÈS.

Hélas, hélas! ma brave armée!

## LE CHŒUR DES VIEILLARDS.

Toute l'Asia, ô roi de cette terre, tombe misérablement sur ses genoux!

## XERXÈS.

### *Strophe I.*

Moi, hélas, hélas! funeste, lamentable pour ma race, je suis né pour la ruine de la terre de la patrie!

## LE CHŒUR DES VIEILLARDS.

Je saluerai ton retour par des cris funèbres, par l'hymne lugubre du chanteur Mariandynien, par les gémissements et les larmes!

## XERXÈS.

### *Antistrophe I.*

Poussez des cris discordants, lugubres, lamentables! un dieu s'est tourné contre moi!

## LE CHŒUR DES VIEILLARDS.

Certes, je pousserai des cris lamentables, je pleurerai amèrement les terribles calamités du peuple, souffertes sur la mer, et la jeunesse du royaume gémissant! Je crierai, je pleurerai, je gémirai!

## XERXÈS.

### *Strophe II.*

Arès nous a ravi la victoire; il a fait triompher la flotte des Iaônes, il a fauché la sombre mer et le fatal rivage! Hélas, hélas! criez, redemandez-moi tout!

## LE CHŒUR DES VIEILLARDS.

Où as-tu laissé la multitude de tes amis, ceux qui se tenaient debout à ton côté : Pharandakès, Souzas, Pélagôn, Dotamas et Agdabatas, Psammis, Sousiskanès qui partit d'Ekbatân?

## XERXÈS.

***Antistrophe II.***

Je les ai laissés morts, précipités de leur nef Tyrienne sur les rivages de Salamis, sur les âpres côtes.

## LE CHŒUR DES VIEILLARDS.

Hélas, hélas! où sont Pharnoukhos et le brave Ariomardos, et le prince Seualkès, et le noble Lilaios, Memphis, Tharybis, Masistrès, Artembarès et Hystaikhmas? Dis-moi où ils sont.

## XERXÈS.

***Strophe III.***

Hélas, hélas! En face de l'antique et odieuse Athèna, tous, les malheureux! ont été jetés palpitants contre terre.

## LE CHŒUR DES VIEILLARDS.

Et lui, cet œil fidèle qui comptait pour toi les innombrables Perses, le fils de Batanôkhos, fils de Sésamès, fils de Mygabatès, Alpistès? Et Parthos, et le grand Oibarès, où les as-tu laissés? Oh! les ennemis! Que les maux que tu racontes ont été funestes aux braves Perses!

## XERXÈS.

***Antistrophe III.***

Tu excites mon amer regret de mes braves amis, tu les renouvelles en rappelant ces malheurs terribles. Mon cœur pousse des cris du fond de ma poitrine!

## LE CHŒUR DES VIEILLARDS.

Et le Myriontarque Xanthès, chef des Mardes, et le brave Ankharès, et Diaixis, et Arsakès, chefs des cavaliers, et Kèdadatès, et Lythymnès, et Tolmos, insatiable de combats? Ils ont été ensevelis, mais sans chars abrités par des tentes et sans cortége!

## XERXÈS.

***Strophe IV.***

Ils sont morts ceux qui étaient les chefs de l'armée!

## LE CHŒUR DES VIEILLARDS.

Ils sont morts sans être honorés, hélas! malheur! ô malheur! ô daimones, vous nous avez accablés d'un mal inattendu et terrible, fait pour les regards d'Atè!

## XERXÈS.

***Antistrophe IV.***

Nous avons été frappés d'un coup tel que nous n'en recevrons de notre vie!

## LE CHŒUR DES VIEILLARDS.

Nous avons été frappés, cela est certain! Calamité inattendue, inouïe! Nous nous sommes heurtés pour notre malheur à la flotte des Iaônes! Cette guerre a été funeste à la race des Perses!

## XERXÈS.

***Strophe V.***

Certes! Et j'ai été vaincu avec une telle armée!

## LE CHŒUR DES VIEILLARDS.

Quoi! le grand royaume des Perses est-il donc détruit?

### XERXÈS.

Ne vois-tu pas ce qui me reste de ma puissance?

### LE CHŒUR DES VIEILLARDS.

Je vois, je vois!

### XERXÈS.

Ce carquois...

### LE CHŒUR DES VIEILLARDS.

C'est ce que tu as sauvé, dis-tu?

### XERXÈS.

Oui! cette gaîne de mes flèches.

### LE CHŒUR DES VIEILLARDS.

C'est peu sur tant de pertes!

### XERXÈS.

Nous n'avons plus de défenseurs!

### LE CHŒUR DES VIEILLARDS.

La race des laônes est ardente au combat.

### XERXÈS.

***Antistrophe V.***

Elle est très vaillante. J'ai subi une défaite inattendue.

### LE CHŒUR DES VIEILLARDS.

Et tu dis que notre flotte a pris la fuite?

### XERXÈS.

À cause de ce malheur j'ai déchiré mes vêtements.

## LE CHŒUR DES VIEILLARDS.

Hélas! hélas!

## XERXÈS.

Plus qu'hélas! Gémis plus encore!

## LE CHŒUR DES VIEILLARDS.

Nos maux sont doubles et triples!

## XERXÈS.

Lamentables pour nous, ils font la joie de nos ennemis.

## LE CHŒUR DES VIEILLARDS.

Nos forces sont rompues!

## XERXÈS.

Je n'ai plus de compagnons!

## LE CHŒUR DES VIEILLARDS.

Tes amis sont engloutis dans la mer!

## XERXÈS.

***Strophe VI.***

Pleure! pleure ma défaite! Rentre dans ta demeure.

## LE CHŒUR DES VIEILLARDS.

Hélas, hélas! cette défaite!

## XERXÈS.

Crie! réponds à mes cris!

## LE CHŒUR DES VIEILLARDS.

Misérable consolation de leurs maux pour des malheureux!

## XERXÈS.

Mêle ton chant lugubre au mien.

## LE CHŒUR DES VIEILLARDS.

Hélas, hélas! Cette calamité terrible! Hélas! je gémis amèrement.

## XERXÈS.

Antistrophe VI.

Frappe, frappe-toi! gémis sur mes maux!

## LE CHŒUR DES VIEILLARDS.

Je pleure lamentablement.

## XERXÈS.

Crie! réponds à mes cris!

## LE CHŒUR DES VIEILLARDS.

Je le fais, ô maître!

## XERXÈS.

Pousse de hautes lamentations.

## LE CHŒUR DES VIEILLARDS.

Hélas, hélas! je multiplie les noires meurtrissures.

## XERXÈS.

**Strophe VII.**
Frappe ta poitrine! chante l'hymne Mysien.

## LE CHŒUR DES VIEILLARDS.

Douleur, douleur!

## XERXÈS.

Arrache les poils blancs de ta barbe.

## LE CHŒUR DES VIEILLARDS.

À pleine main! très lamentablement!

## XERXÈS.

Pousse de hautes clameurs.

## LE CHŒUR DES VIEILLARDS.

C'est ce que je ferai.

## XERXÈS.

Antistrophe VII.

Déchire avec tes ongles les plis de tes vêtements.

## LE CHŒUR DES VIEILLARDS.

Douleur, douleur!

## XERXÈS.

Arrache tes cheveux! pleure sur l'armée!

## LE CHŒUR DES VIEILLARDS.

À pleine main! très lamentablement!

## XERXÈS.

Baigne tes yeux de larmes.

## LE CHŒUR DES VIEILLARDS.

J'en suis baigné.

## XERXÈS.

Épôde.

Crie donc! réponds à mes cris.

## LE CHŒUR DES VIEILLARDS.

Hélas! hélas! hélas! hélas!

## XERXÈS.

Rentre dans ta demeure en te lamentant.

## LE CHŒUR DES VIEILLARDS.

Hélas! hélas! ô malheureuse terre Persique!

## XERXÈS.

Hélas! dans toute la ville!

## LE CHŒUR DES VIEILLARDS.

Certes, hélas! toujours, toujours!

## XERXÈS.

Lamentez-vous en marchant lentement.

## LE CHŒUR DES VIEILLARDS.

Hélas! hélas! Ô malheureuse terre Persique!

## XERXÈS.

Hélas! hélas! hélas! mes nefs à trois rangs d'avirons! hélas! hélas! hélas! mes nefs sont perdues!

## LE CHŒUR DES VIEILLARDS.

Je te suis en poussant des gémissements lugubres!

FIN

www.ingramcontent.com/pod-product-compliance
Lightning Source LLC
LaVergne TN
LVHW010946110826
845149LV00013B/2775

* 9 7 8 2 9 3 0 7 1 8 5 9 0 *